Snoeckje

LA FRANCE

AU XXe SIÈCLE

LA FRANCE AU XXe SIÈCLE

LA FRANCE

AU

XXE SIÈCLE

PAR

SNOECKJE

AMIENS

IMPRIMERIE NOUVELLE

13, Rue Gresset, 13

—

1888

LA FRANCE AU XXE SIÈCLE

Depuis un siècle la France travaille à sa transformation sociale.

L'achèvement de cette entreprise devient chaque jour plus urgent par suite des mœurs nouvelles procédant du progrès successif des sciences. Ce progrès est dû lui-même à l'invention de l'Imprimerie.

Le grand mouvement en avant, littéraire autant que scientifique, date du XVIIe siècle. Les philosophes du XVIIIe ont plus particulièrement préparé la mise en œuvre de la rénovation sociale. 1789 a vu le commencement des travaux.

La Révolution française, inaugurée par de vrais patriotes convaincus, intelligents, résolus, eut des débuts remarquables ; mais les premiers moments d'enthousiasme passés, on vit qu'il y avait encore à lutter contre une partie du Clergé, contre la Noblesse, contre des populations arriérées. Un nouvel ordre de choses comme celui qui devait sortir de la Déclaration des Droits de l'Homme et du Citoyen, après 1200 ans de régime monarchique, ne pouvait s'implanter du jour au lendemain,

D'un autre côté, si on savait alors quels étaient les abus à détruire et comment un peuple s'y prend pour recouvrer ses droits, on était loin d'être fixé sur ce qu'il convenait de faire pour consolider l'avenir. Nos pères, délivrés des rois, proclamèrent naturellement la République ; ils crurent, et beaucoup le croient encore aujourd'hui, qu'une forme de gouvernement empruntée aux grecs et aux romains de l'antiquité, suffit pour faire régner le bonheur parmi nous. Mais, ainsi que cela se passe dans tout gouvernement, il se forma, notamment dans la représentation nationale, des partis hostiles ; il y eut les royalistes regrettant l'ancien régime et les républicains mécontents parce que le nouveau ne fonctionnait pas à leur guise. On voyait alors, comme on voit encore maintenant, des républicains opportunistes, temporisateurs, suspects même, et les exaltés sanguinaires. Ces derniers souillèrent la Révolution par leurs excès. La guerre civile survint. L'Europe, pour laquelle la France était un brandon de discorde, se coalisa contre nous, et malgré des prodiges de valeur, nous allions peut-être succomber sous le nombre, quand le général Bonaparte surgit et sauva la situation en nous rendant la victoire.

Napoléon Bonaparte, d'accord en cela avec tous les grands remueurs de peuples, jugeant qu'il ne dépendait que de lui de s'emparer du pouvoir, fit le 18 brumaire, et la France retomba sous le joug d'un dictateur doublé d'un conquérant, avec le bénéfice, toutefois, de la plupart des institutions libérales acquises par la Révolution.

Depuis lors, la France a été constamment ballottée entre la Monarchie et la République, et le parti républicain s'est itérativement, et en dernier lieu, divisé en sous-partis comme cela est inévitable avec une forme de gouvernement non encore adaptée aux besoins modernes, laissant la porte ouverte aux compétitions, à l'agitation, au désordre, à la violence populaire aussi impitoyable que la violence monarchique.

Et de fait les misères de toute sorte, dont nous sommes accablés depuis quelques années, semblent indiquer l'urgence d'y mettre fin. Le mal est à son paroxysme.

A l'intérieur, par suite de l'absence de toute direction religieuse, l'immoralité nous déborde. Nous avons en effet banni Dieu de nos écoles. L'éducation de l'enfance s'en ressent. Les parents ne sont plus respectés, principalement chez les catholiques, dont la plupart n'observent pas les pratiques de leur religion, tout en y poussant leurs enfants ; ceux-ci se rendent bientôt compte que, dans ces conditions, on a voulu, cette fois encore, leur montrer un nouveau croquemitaine pour qu'ils se tiennent bien sages. Quelle solidité peut offrir une morale établie sur de pareilles bases ?

Aussi les suicides suivent une progression constante ; la criminalité augmente en dépit de certaines indulgences. La natalité décroit ; Les campagnes se dépeuplent en faveur des grandes agglomérations où la mortalité des enfants en bas âge est énorme. L'agriculture languit sous l'étreinte d'un libre échange appliqué sur une trop vaste échelle au profit de l'étranger. L'esprit de parti, la corruption, le népotisme ont envahi les fonctions publiques. Nos affaires sont dirigées avec une instabilité de vues sans exemple, par des partisans du moment, sans expérience ni aptitude. Le désordre financier est à son comble. Nous donnons enfin des signes évidents de dégénérescence.

A l'extérieur nous sommes sans amis, sans alliances. Connaissant notre inconstance et nos divisions, les autres nations se méfient, nous craignent, nous surveillent : quelques-unes même sont prêtes à se jeter sur nous comme autrefois.

Les rapides moyens de communication, et

l'instruction répandue à profusion depuis peu, ont éclairé les prolétaires sur leurs droits au banquet de la vie et ils entendent avec raison, qu'on leur en facilite l'accès autant que possible ; au besoin ils emploieront la force.

Nous nous débattons aussi, depuis seize ans, dans une voie sans issue avec le service militaire, obligatoire et personnel, réclamant une instruction professionnelle complète et la présence plus ou moins prolongée, dans les casernes, de tous les français valides, ce que nos ressources financières ne permettent pas et ce qui porte le trouble dans la Société.

Si la République est en partie cause de tout cela, la Monarchie serait-elle donc, en fin de compte, le gouvernement qui nous convient, étant donné qu'elle serait appropriée, autant que faire se peut, aux aspirations actuelles ?

Je réponds : Non, sans hésitation, d'abord parce qu'une nouvelle restauration ne désarmerait pas les républicains ainsi que nous en avons déjà fait l'épreuve, et parce qu'une maison divisée est inévitablement vouée à la destruction quoiqu'il arrive ; ensuite, parce qu'en tout cas, la Monarchie ne se comprend pas sans la dynastie et que celle-ci est désormais une barrière infranchissable en France, comme étant contraire au bon sens et aux principes de la Révolution.

Quel est donc le remède à tant de maux et quel est le médecin qui l'appliquera ?

Jusqu'à présent quand il s'est agi, en politique, de changer l'ordre de choses établi, on n'a pu avoir recours à aucun moyen légal prévu. La collectivité s'est toujours trouvée frappée d'impuissance. La bonne volonté d'un homme ne suffit pas pour obtenir un résultat favorable, même avec le suffrage universel, ainsi qu'on l'a vu encore dernièrement, depuis Gambetta jusqu'à M. Floquet. Nous ne pouvons plus nous réunir au *Forum*. En pareille occurrence il faut un acte extra-légal, une révolte ouverte, et c'est généralement un homme seul qui entreprend cette besogne.

Si cet homme est un prétendant à la royauté ou à la dictature, on dit qu'il fait un coup d'État ; si c'est l'armée qui est à la tête du mouvement, c'est un *pronunciamiento* ; si, étant en République, un ou plusieurs citoyens se dévouent pour la chose publique, ils provoquent une insurrection à main armée. De toute façon, le changement de régime ne peut être introduit qu'irrégulièrement et par la force, et c'est dans ces conjonctures difficiles que les peuples tournent leurs regards vers celui en qui ils mettent leur espoir, et qui sera leur libérateur ou..... leur maître,

Tel est le triste tableau de l'imperfection de nos institutions sociales.

Quoiqu'il en soit, le changement une fois obtenu, on bâcle bien vite une Constitution nouvelle, formée à l'image du libérateur, ou calquée sur les Constitutions précédentes, sans prévisions pour l'avenir, avec des pouvoirs pondérateurs, la responsabilité ministérielle, et autres jolis nids à conflits, sans possibilité pour les citoyens de ressaisir leurs droits imprudemment placés en d'autres mains, et avec l'obligation de rester désarmés jusqu'à ce que les affaires allant de nouveau mal, il survienne un nouveau bouleversement.

Aujourd'hui, si un sauveur se présente encore pour nous tirer du bourbier, il devra être bien entendu enfin, qu'il ne sera pas « l'homme indispensable (pour nous gouverner), qu'il ne sera qu'un homme utile, placé dans une situation importante, qui saura faire dignement son devoir et auquel le pays devra de la reconnaissance », mais qui se désintéressera absolument de la direction des affaires et ne fera rien pour y parvenir.

Ce sauveur une fois découvert il faudra qu'il ait ou que nous ayons tout préparé, un nouveau pacte social, un nouveau système de conduite de

nos affaires, qni ne laisse place à aucun des dé-
fauts remarqués dans les systèmes suivis jusqu'ici.
Le changement devra être radical ; radicales
seront aussi les dispositions secondaires consécu-
tives.

En attendant, voici le résumé d'un plan nouveau autant qu'utopique, jusqu'à ce qu'il en ait
été décidé autrement, que j'ai exposé dans une
brochure parue en 1880 et intitulée *La Religion,
la Politique et l'Armée*. (1)

Premier point. — La question religieuse.

En tous temps et en tous lieux, il a·été reconnu
que la divinité est la source de toute morale
efficace et durable, celle qui seule rend possibles
les sociétés humaines et les guide dans leur
marche. La morale civique ou indépendante
peut à l'occasion, produire un idéal comme celui
de patrie, et susciter le dévouement, les actes
d'héroïsme ; mais ils sont accidentels. Cette morale
n'a ni loi ni sanction, ni universalité ni fixité.
Avec elle chacun, chaque Etat, chaque
époque à sa morale, ses opinions, sa conscience ;
elle est la morale individuelle destructive de
toute philantropie,de toute association, d'où cette

---

(1) Amiens, Demolliens, Libraire.

conclusion que s'il est vrai qu'il n'existe pas de société sérieuse qui ne soit basée sur la morale universelle et invariable, il est certain aussi que cette vraie morale ne se trouve pas en dehors de Dieu.

Ceci ne veut pas dire que telle ou telle autre religion a le monopole exclusif de la morale. Toutes concourent au même but, toutes sont également respectables et, dans l'intérêt général, l'administration nationale ne doit pas se prononcer sur le mérite spécial d'aucune d'elles.

L'Etat devant rester neutre en matière religieuse, et admettre seulement l'existence de Dieu, il en découle qu'il sera forcément théiste, ce qui le placera au-dessus de tous les cultes tout en étant en accord avec eux. On ne dira plus que l'Etat est athée, ce qui n'empêchera pas les athées de se livrer à leurs études, de même que les cultes particuliers continueront de se livrer à leurs cérémonies accoutumées, sans que l'Etat ait à y intervenir, pas plus au point de vue du rite qu'au point de vue financier.

Ainsi se trouvera résolue la question des Eglises et de l'Etat, et comme cela se passe pour le plus grand bien de la chose pnblique, en Angleterre, en Russie, en Turquie et ailleurs, le Président du Conseil d'Administration nationale (nouveau style,) sera le chef de la religion d'Etat. La morale philosophique chrétienne sera enseignée dans nos établissements publics. Cette morale pure et sublime ne peut-être désavouée par aucun peuple.

Sur le *deuxième point* : La Politique, j'ai devancé M. Yves Guyot, député de la Seine, qui dans une conférence faite au Trocadéro, en Juin 1887, s'est exprimé ainsi : « Plus nous irons plus le Gouvernement ne sera qu'un simple conseil d'administration. Ce conseil perdra jusqu'à son titre de Gouvernement et les Sociétés cesseront d'être gouvernées . . . . . Le Gouvernement doit cesser de gouverner les hommes pour administrer des intérêts communs et indivis. »

Le *Petit Journal* du 17 juillet 1887, rendant compte de cette conférence, résume la pensée de de M. Yves Guyot de la manière suivante :

« Rien de plus commode pour les gouvernants que d'imposer à leurs sujets un mot d'ordre auquel ils doivent obéir comme des soldats à l'exercice ».

« De tels sujets sont incapables d'action, ils sont sans critique et sans initiative. »

« La force d'un gouvernement est en raison de la faiblesse des gouvernés, mais comment une nation composée d'impuissants pourrait-elle jamais devenir un grand peuple ? »

« Grande et belle théorie que malheureusement les pécheurs en eau trouble relèguent dans les nuages utopiques. Nous craignons qu'elle y reste bien longtemps encore. »

Suivant M. Yves Guyot, que je ne puis suivre du reste dans toutes ses conceptions, la solution de cette question, qu'il nomme le *Grand Problème* doit être l'œuvre de la fin du XIX⁰ siècle. Il invite les penseurs de tous les pays à y collaborer.

Toujours est il que la solution signalée en 1887 par M. Yves Guyot, a été proposée dès 1880 et exposée dans ma brochure, avec un essai de quelques détails d'organisation administrative nationale que je complète aujourd'hui.

Il convient d'ajouter au sujet de cette question, puisqu'il s'agit de créer une administration, qu'il est juste que chaque sociétaire ait voix aux assemblées générales ; mais il est non moins équitable que le nombre de voix de chacun soit en proportion des intérêts engagés.

D'après cela, j'ai considéré comme n'étant pas sociétaire quiconque est à la charge de la société et vit de la charité publique.

J'ai donné une voix à qui paie l'impôt personnel seulement et, afin de maintenir le principe démocratique dans une large limite, je

n'ai donné que deux voix à celui qui paie au delà
fut-il plusieurs fois millionnaire.

C'est là une mesure de salut public, qu'il
importe de prendre, pour empêcher l'intempé-
rante et imprévoyante population ouvrière de
porter le trouble dans la société, et de chercher à
absorber violemment le capital au détriment de la
prospérité générale.

.·Le *troisième point :* L'armée, comporte de même
que les deux premiers, le renversement total des
errements suivis jusqu'à ce jour.

Le service militaire obligatoire ne peut, je viens
de le dire, se concilier avec une durée de séjour
assez longue pour former de vrais soldats. Il est
en ce moment question de réduire ce service à
trois ans comme maximum ; c'est-à-dire qu'avec
les délais d'appel, les permissions et congés,_ les
renvois par anticipation, les dispenses, les
indisponibles, les étudiants et le reste on en
arrivera à nous doter d'une milice qui n'offrira
pas de résistance, d'une cavalerie non entrainée
ni exercée à fond, d'une artillerie où l'on n'aura
que des notions superficielles, comme nous
sommes déjà affligés de cadres sans bons sous-
officiers et d'officiers de réserve dépourvus, en
grande partie, d'antécédents militaires suffisants,
et malgré tout d'un budget qui ne peut subvenir
aux besoins.

Je crois avoir remédié à ces divers inconvénients, (après avoir rayé d'un trait de plume le régime actuel), en présentant des combinaisons tout à fait nouvelles, en simplifiant les opérations, en satisfaisant les divers intérêts en jeu, en démocratisant l'armée, en lui donnant l'instruction, la cohésion, l'émulation, la rapidité dans la mobilisation, en procurant même des économies notables.

J'ai établi deux régimes différents correspondant l'un à l'état de paix, l'autre à l'état de guerre et supprimé le code militaire en temps de paix. Les motifs de ces innovations sont expliqués tout au long dans la brochure précitée ; il n'est pas possible de les reproduire ici.

Enfin j'ai tranché la question de l'administration militaire également dans le sens démocratique. Je me suis aussi expliqué à ce sujet dans ma brochure en faisant ressortir la situation respective du commandement et de l'administration, ainsi que les luttes auxquelles on s'est livré à cette occasion depuis le commencement de ce siècle.

Il n'est pas entré dans mes vues d'aborder toutes les questions sociales. La compétence me ferait d'ailleurs défaut ; cependant, en outre des questions religieuse, politique et militaire, j'ai, à mon sens, mis fin à la question municipale qui est ouverte depuis l'institution des maires et, en dehors des lois accessoires, en discussion en ce moment même, à la question ouvrière une des plus ardues de l'époque actuelle.

Je présente une nouvelle division administrative du territoire de la France, en diminuant le nombre des circonscriptions dans une forte proportion. Cette mesure est en effet à l'ordre du jour, à titre de simplification des rouages, depuis qu'on dispose de moyens de communication nouveaux ; elle nous est imposée en même temps par la nécessité, devenue impérieuse, de diminuer nos dépenses.

Il ne m'a point paru possible de provoquer la suppression des trésoriers-payeurs. Leur nombre ne pourrait, tout au plus, qu'être réduit à la proportion du nombre des nouvelles circonscription administratives. Ceux qui prétendent le contraire ne paraissent pas se rendre compte de la mission de contrôle exercée par le personnel comptable du ministère des finances, de la formalité de l'ouverture des crédits, et de la vérification indispensable des comptes et des pièces justificatives pour chaque payement.

Il est certain, néanmoins, qu'il convient de donner satisfaction à l'opinion publique, dans une certaine mesure, en enlevant aux trésoriers-payeurs les opérations financières pour le compte du public.

Certes ! mon œuvre n'est pas parfaite. La parole est aux critiques et à ceux qui trouveront des solutions meilleures. Quoiqu'il en soit j'ai l'espoir que mes efforts ne seront pas entièrement perdus, et j'ai l'intime conviction que plus on se rapprochera de mes idées mieux ce sera pour notre chère patrie.

Amiens . . . . Juin 1888.

SNOECKJE.

NI RÉPUBLIQUE NI MONARCHIE :

RES PUBLICA

MORALITÉ — AUTORITÉ — LIBERTÉ

PROTOCOLE

Sous la protection de Dieu, créateur et directeur de l'univers, notre souverain Juge ;

Le peuple Français, dans la pleine et entière jouissance de ses droits sociaux et politiques ;

Résolu à ne plus abandonner ces droits désormais, en aucun temps ni à aucun moment ;

Considérant qu'il n'existe pas de différence essentielle entre les sociétés politiques et les autres sociétés ou associat.ons, les unes et les autres ne différant entre elles que par une importance relative, ou par la variété des besoins qu'elles tendent à satisfaire ;

Attendu qu'une société politique est avant tout une administration ;

Organise ainsi qu'il suit la direction des affaires et intérêts de la France.

DIVISION TERRITORIALE

Le territoire français est divisé en trente-trois circonscriptions, (provinces ou départements), dont une pour Paris seul, conformément au plan ci-annexé.

Chaque province comprend un nombre d'arrondissements (ou départements) qui, après examen, sera réduit à la moitié environ du nombre d'arrondissements existant anciennement.

Les cantons seront également modifiés et portés à un nombre moindre de celui adopté sous l'ancien régime.

ADMINISTRATION GÉNÉRALE

La direction des affaires, et intérêts de la France prend le titre d'Administration nationale française ;

Elle comprend :

Un conseil d'administration composé de trente-trois membres, un par province, nommés pour un an et rééligibles ;

Un président pris dans le conseil et choisi par lui ;

Un directeur général nommé par le conseil ;

Des chefs de service d'administration centrale ordonnateurs, (anciennement ministres), et des employés ;

Un conseil de surveillance composé de neuf membres et un président, nommé par l'assemblée générale ;

Des commissions législatives, (une par spécialité professionnelle), à titre consultatif ;

Des comités professionnels consultatifs provinciaux, (syndicats, chambres de commerce, etc.), nommant les membres des commissions législatives, (un par province et par spécialité) ;

Un délégué par arrondissement (ou département), fondé de pouvoirs aux assemblées générales formées par la réunion des délégués ;

Un délégué par canton pour les affaires provinciales et locales ;

Des comices communaux pour l'élection du membre du conseil d'administration de la province, du délégué d'arrondissement, et des candidats en expectative, pour le cas de vacances au cours de l'année et pouvant provenir soit du choix du président du conseil d'administration ou du directeur général, soit des décès, démissions et autres causes. Enfin les comices communaux procèdent à l'élection du délégué cantonal, membre du conseil général de la province, et

nomment les conseillers municipaux, qui prennent
le maire parmi eux.

Localement, le service administratif est assuré
par les préfets civils, militaires et maritimes, par
les sous-préfets et les sous-intendants militaires
dans les arrondissements, enfin, dans les communes, par des commissaires centraux de surveillance générale, et par les maires qui ne sont plus
chargés que de l'administration communale.

CONSEIL D'ADMINISTRATION

La première séance du conseil d'administration
est consacrée à l'élection du président dont le
remplaçant, comme membre actif, est désigné
aussitôt, d'après la liste de la province qui a
fourni le président.

Le conseil forme ensuite ses bureaux pour
l'étude des affaires.

Le président du conseil d'administration est le
représentant officiel de la France auprès des
nations étrangères. Il est chargé de la mission
de promulguer les lois votées par le conseil et
d'en transmettre la teneur pour exécution, ainsi
que toutes autres décisions du conseil, au directeur général.

Il est le chef honoraire de la religion d'état
française, le théïsme chrétien.

Le conseil d'administration dirige souverainement tout ce qui intéresse la France. Il est le conservateur du pacte social. En cas d'urgence il provoque la réunion de l'assemblée générale extraordinairement, auprès du conseil de surveillance.

Il conclut les traités de paix et de commerce ; il dispose des forces de terre et de mer. Toutefois la guerre ne peut être déclarée qu'en assemblée générale. Il a le droit de grâce et d'amnistie.

Il nomme le directeur général qu'il choisit parmi les membres du conseil d'administration ou en dehors du conseil.

Il vote en équilibre le budget annuel, présenté par le directeur général, après l'avoir modifié s'il le juge à propos.

Il sanctionne, quand il le trouve utile, après avis du conseil d'Etat et du conseil de surveillance, les lois proposées par les commissions législatives ou par lui-même.

Il se réserve particulièrement les relations internationales.

Il nomme les membres du conseil d'État et aux grades et emplois supérieurs des officiers et fonctionnaires sur la présentation du directeur général, appuyée, le cas échéant, de l'avis des chefs directs.

En cas de partage des voix, celle du président est prépondérante.

Les séances du conseil d'administration ne sont pas publiques, mais les délibérations sont recueillies par la sténographie, communiquées à la presse et insérées simultanément au *Journal officiel*, ainsi que les actes et les votes du conseil.

Ampliation des votes est délivrée au directeur général et au conseil de surveillance.

Le conseil d'administration se compose exclusivement de citoyens entièrement libres de leur temps, exempts de toutes préoccupations étrangères à leur mandat, c'est-à-dire n'occupant aucun autre emploi, n'exerçant aucune profession, n'étant attachés à aucun commerce, à aucune industrie, à aucun établissement financier, comme directeurs, membres actifs, censeurs ou autrement.

Chaque année, à la fin d'avril, le conseil publie un exposé de sa gestion et de la situation générale de la France.

DIRECTEUR GÉNÉRAL ET CHEFS DE SERVICE

Le directeur général publie les lois et décisions du conseil d'administration ; il en assure l'exécution ; il signe les règlements d'administration publique et prend toutes mesures nécessaires sous sa responsabilité en cas d'urgence.

Il demeure chargé de la perception des impôts et du payement des dépenses. Il justifie de l'emploi des fonds publics par un rapport annuel détaillé qu'il établit au commencement d'avril.

Il est aidé par les chefs de service ordonnateurs et par un trésorier-payeur général investi du contrôle financier intérieur.

Il nomme aux grades et emplois dont le conseil d'administration ne s'est pas réservé la nomination, et qu'il n'a pas lui-même laissés à la nomination des Préfets ou des directeurs particuliers.

Le directeur général, les chefs de service centraux et le trésorier-payeur général, ainsi que tous les comptables de l'Etat, sont soumis aux règles d'incompatibilité imposées aux membres du conseil d'administration.

CONSEIL DE SURVEILLANCE

Le conseil de surveillance est composé de neuf membres et un président.

Il est élu ou réélu annuellement par les délégués d'arrondissement réunis en assemblée générale.

Il se divise en trois sections :

1re section : Politique générale ;
2e   id.   Jurisprudence, etc.
3e   id.   Finances.

Il est formé de sommités choisies dans ces trois ordres, et retirées de la vie active.

Il veille à l'observance des statuts sociaux, à l'exécution des prescriptions légales et règlementaires. Il guide le conseil d'administration dans les questions de droit et autres quand il est consulté.

Il surveille la perception de l'impôt et l'emploi des fonds du trésor public, reçoit des exemplaires du rapport annuel du directeur général, contrôle son exactitude et établit un compte-rendu de la situation administrative et financière qui est dressé aussitôt après la publication de l'exposé général du conseil d'administration, c'est-à-dire dans la première quinzaine de mai.

Il nomme les magistrats de la Cour des comptes. L'action de la Cour s'étend aux ordonnateurs comme aux comptables.

Les arrêts de la Cour des comptes doivent, pour être exécutoires avoir reçu le visa du conseil de surveillance.

Les membres du conseil de surveillance peuvent être appelés, ou assister d'initiative, aux séances du conseil d'administration avec voix consultative ; ils ne peuvent s'opposer à l'exécution d'aucune des mesures votées par le conseil.

Le Président se tient en communication avec les bureaux de la délégation, siège des assemblées générales, et lui fait connaître l'impression du conseil de surveillance sur les votes du conseil d'administration, sur les faits et événements importants, de façon que le bureau puisse toujours envoyer, en temps utile, les avis et convocations nécessaires aux délégués d'arrondissement ou de canton, soit pour la session de l'assemblée générale extraordinaire, soit pour la convocation des comices communaux.

SERVICE LOCAL

Dans chaque province le Préfet est le délégué des chefs de service centraux, et du directeur général quand celui-ci s'adresse directement à la Préfecture pour affaires réservées. Pour l'armée et la marine, les Préfets militaires et maritimes assurent le service administratif.

Les Préfets n'ont aucune action sur la partie technique ou professionnelle des services publics en possession d'une organisation spéciale, c'est-à-dire sur les cultes, la justice, l'instruction publique, l'armée, la marine, les services financiers.

Des sous-intendants militaires sont détachés dans les préfectures pour le recrutement de l'armée, pour l'emploi des denrées de réserve à consommer dans les établissements civils, pour les convocations périodiques de la partie sédentaire de l'armée, enfin pour toutes les circonstances dans lesquelles l'administration civile et l'administration militaire sont en contact.

Les Sous-Préfets, dans les arrondissements, exercent les fonctions de sous-intendants militaires, avec le concours des sous-intendants et adjoints de la partie sédentaire de l'armée, qui consacrent une partie de leurs loisirs à l'étude de leur service.

Les Maires cessent d'être les correspondants de l'administration centrale ; ils sont remplacés dans cette fonction par un commissaire central de surveillance locale qui est en même temps commissaire de police et qui relève du Sous-Préfet ; il porte le titre de commissaire central ; il a le droit de requérir la gendarmerie.

Les communes suburbaines sont réunies à la ville pour ne former qu'une circonscription de commissariat de surveillance. Plusieurs communes de peu d'importance, et rapprochées les unes des autres, concourent aussi à ne former qu'une circonscription.

Les commissaires de police municipale devront déférer aux ordres du commissaire central.

Les dépenses provinciales sont votées et liquidées par un conseil général composé des délégués cantonaux.

Chaque délégué cantonal a le droit de faire part de l'opinion publique du canton au bureau de la délégation des arrondissements, et de provoquer la réunion de l'assemblée générale, ou des comices communaux. Le bureau de la délégation doit tenir compte de ces appels dès qu'ils atteignent un nombre égal au quart des cantons.

COMMISSIONS LÉGISLATIVES

Les commissions législatives dont le nombre n'est pas limité, sont distinctes par spécialité, religieuse, industrielle, militaire et autres ; elles sont composées :

1° Pour les branches d'industrie, de commerce, d'agriculture, etc., qui ont donné lieu à cette création, d'un délégué par spécialité et par province, des commissions locales instituées au chef-lieu de chacune d'elles ;

2° Pour les services dépendant de l'administration nationale, du chef de service dans chaque circonscription locale : évêques, procureurs généraux, recteurs, chefs de corps d'armée et ainsi de suite.

Les uns et les autres forment les conseils supérieurs spéciaux destinés à éclairer l'administration sur la situation et les intérêts de la France.

Les séances ont lieu à Paris par spécialité, sur la convocation du bureau, chaque fois que le conseil d'administration en fait la demande ou d'après le nombre de propositions de convocation qui lui sont adressées par les commissions locales dès qu'elles atteignent la proportion d'un tiers.

Les commissions législatives n'ont pas voix délibérative ; elles ne s'occupent que des lois proprement dites et non des budgets ; elles transmettent au conseil d'administration les projets d'intérêt purement local sur lesquels le conseil statue.

Les commissions législatives confèrent à huis clos, mais les procès-verbaux des séances sont insérés au *Journal officiel* et le résumé en est adressé à la presse.

COMITÉS CONSULTATIFS PROVINCIAUX

Chacune des spécialités qui a formé une corporation, un syndicat ou une association quelconque

autorisée par la loi, ou "par toute autre disposition réglementaire, en vue de la défense de ses
intérêts, a un centre de réunion au chef-lieu de
la province. C'est ce comité qui désigne le délégué
à la commission législative.

Ces comités sont en outre investis du soin
d'éclairer les commissions législatives de tout
ordre, le conseil d'administration, le directeur
général et tous les chefs de service ; ils four-
nissent particulièrement les renseignements
statistiques.

ÉLECTEURS

Tout français âgé de 21 ans qui sait lire cou-
ramment, qui n'est pas indigent à la charge de la
société ou de la charité publique, et qui jouit de
ses droits civils et politiques, est électeur.

Le vote d'un électeur qui ne paie que la cote
personnelle (élevée à 5 fr. par an), n'est compté
que pour une voix.

Le vote de l'électeur qui est imposé pour une
somme supérieure est compté pour deux voix.

Les militaires de la partie active de l'armée
sont électeurs de droit dès qu'ils ont atteint l'âge
de majorité, et sans être astreints à la justification du payement d'un impôt quelconque.

Ceux d'entre eux qui justifieraient du payement

de l'impôt foncier, comme propriétaires ou locataires, auront droit à deux voix.

COMICES COMMUNAUX

Annuellement, après la clôture de l'assemblée générale ordinaire, les électeurs se réunissent dans leurs comices pour élire ou réélire le membre du conseil d'administration de la province, le délégué d'arrondissement, membre de l'assemblée générale nouvelle, enfin le délégué cantonal au conseil général de la province.

En même temps sont élus les membres expectants pour les vacances à remplir dans le cours de l'année.

Tout dignitaire, fonctionnaire, militaire et toutes autres personnes, au service de l'Etat sont inéligibles.

Les comices communaux nomment également les conseillers municipaux à l'époque fixée par la loi.

Ils siègent enfin éventuellement dans les circonstances graves. Les convocations sont toujours faites par le bureau de l'assemblée générale et d'après l'ordre du vice-président de l'assemblée. Les invitations sont adressées aux délégués de canton qui convoquent les comices par l'intermédiaire des maires.

Pour l'élection des délégués d'arrondissement, Paris est divisé en quatre sections qul nomment chacune un délégué. Lyon, Marseille, Bordeaux et Lille désignent un délégué en sus du délégué d'arrondissement.

SESSION

Réunis en assemblée générale à Paris vers la fin de mai, les délégués d'arrondissement, sont présidés par le doyen d'âge qui est suppléé, au besoin, par un vice-président élu en séance et habitant la capitale.

Ils émettent un vote motivé au sujet des lois, du budget, des impôts, des dépenses, des expéditions et entreprises de tout ordre, des services publics et des points importants sur lesquels leur attention a été appelée.

Ils prononcent définitivement sur les questions restées pendantes entre le conseil d'administra- et le conseil de surveillance.

L'assemblée générale appelle devant elle les présidents des bureaux du conseil d'administration, le directeur général et tous les fonctionnaires qu'elle jugerait à propos d'entendre.

Elle peut dissoudre le conseil d'administration ; ans le cas de dissolution, comme dans celui de démission du conseil, les membres en exercice assurent la marche des affaires jusqu'à leur remplacement, de concert avec le conseil de surveillance.

En cas de dissolution du conseil d'administration, l'assemblée générale, et en cas de démission, le bureau de la délégation, après entente avec le conseil, fixent la date des nouvelles élections.

Le bureau de l'assemblée générale est permanent ; il correspond, d'une part, avec le conseil de surveillance, et d'autre part, avec les délégués d'arrondissement, les tenant réciproquement au courant de la situation. Il transmet les demandes de séances extraordinaires, ou il les provoque, selon le cas, et en fixe la date de concert avec le conseil d'administration.

Le bureau est aux ordres du vice-président qui réside à Paris, et des délégués secrétaires de l'assemblée ; chacun d'eux se rend dans la capitale à tour de rôle et chaque fois que la présence de l'un deux est utile.

Les séances de l'assemblée générale ordinaire sont publiques et publiées par la presse, spécialement et in-extenso par le *Journal Officiel*. Les séances extraordinaires ne sont pas publiques. Les résultats seulement en sont communiqués aux journaux.

Rentrés dans leur province les délégués publient,

immédiatement dans la presse locale, le compte-rendu de l'exécution de leur mandat.

Aussitôt après ont lieu les élections annuelles ; les votes recueillis par les commissaires de surveillance sont notifiés, par la voie hiérarchique au conseil d'administration et latéralement, par les délégués cantonaux, au bureau de l'assemblée générale.

SPÉCIALITÉS

Les services publics qui doivent recevoir une impulsion technique ou professionnelle, uniforme et centrale. ont une organisation particulière, en outre de leur participation ordinaire et générale, aux règlements et statuts de l'administration française.

Ces services sont : les cultes, la justice, l'instruction publique, l'armée, la marine.

Chacun de ces services est dirigé, sous le rapport professionnel, par une autorité supérieure du service, résidant à Paris et relevant du directeur général.

Sous le rapport administratif ils sont, comme tous les autres services publics, pourvus par les chefs-centraux, ou par les sous-ordonnateurs desquels ils relèvent, de tout ce qui leur est nécessaire et, localement, le personnel spécial est soumis au personnel administratif, comme l'autorité supérieure technique et centrale est soumise au directeur général. Il n'y a d'exception à cette règle que pour l'armée de terre et de mer, en cas de guerre ou d'embarquement.

CULTES & MORALE RELIGIEUSE

CULTES

Le service des cultes est partagé en autant de branches qu'il existe de cultes reconnus.

Chaque religion est gouvernée par un primat, un chef de consistoire, un rabbin en chef, un iman ou mufti, etc., nommé par le conseil d'aministration sur la présentation d'une liste de trois candidats par les autorités inférieures ou égales, (Synode, consistoires et autres).

Tous les cultes sont résumés par un directeur spécial de morale publique, religieuse et théiste, théisme et morale qui constituent la base de tous les cultes admettant l'existence de Dieu et la morale chrétienne.

La morale religieuse forme elle-même, à la direction générale, une division pour son enseignement dans les écoles publiques et aux populations qui n'adhèrent à aucun culte particulier.

Les directeurs de chaque culte reçoivent un traitement sur le budget national. Il n'existe aucun autre lien administratif entre les cultes et l'administration pour les frais de matériel et de personnel ; seuls, les immeubles qui appartiennent à la nation sont maintenus, par elle, en bon état de conservation.

La France n'entretient pas de rapports et ne se lie par aucune convention, ni avec le Pape, ni avec aucun autre chef religieux étranger.

Les prêtres catholiques en exercice, au moment de la promulgation des présents statuts, conserveront, jusqu'à extinction, le traitement dont ils jouissent actuellement ou qui pourra leur être acquis, par la suite, d'après les anciens tarifs. Ceux d'entre eux qui, renonçant au sacerdoce, accepteront une chaire de morale religieuse, recevront le traitement supérieur d'après le tarif nouveau, et par avancement, après quatre ans d'exercice passés cumulativement {dans leurs grades ou emplois, ancien et nouveau.

Dans chaque commune les frais des cultes pratiqués par les habitants sont à la charge des fidèles.

Les évêchés, consistoires et paroisses, sont considérés comme personnes civiles et peuvent posséder les revenus nécessaires à l'entretien du personnel et du matériel de ces établissements et institutions, revenus provenant de libéralités et dont le maximum est fixé par une loi.

En cas d'insuffisance de ces revenus, les communes inscrivent la somme complémentaire à leur budget annuel, ainsi que les centimes additionnels à affecter, s'il y a lieu, aux besoins de l'évêché ou du consistoire provincial.

Les couvents et autres associations religieuses autorisées sont maintenues dans leurs possessions actuelles, lesquelles constitueront leur maximum. Ces couvents et associations paient un impôt spécial supplémentaire qui suppléera à l'absence de l'impôt successoral. Il ne sera pas créé de nouveaux ordres, ni établissements religieux, sans l'autorisation du conseil d'administration, et ils ne pourront être autorisés qu'autant qu'ils auront pour but de venir en aide à l'humanité, par une intervention charitable.

MORALE

La morale religieuse française, ou le théisme chrétien et philosophique, est enseigné par des professeurs qui font des conférences dans les divers établissements d'instruction publique, et dans les églises ou temples appartenant à l'État.

Ils ne se rendent, dans les édifices religieux communaux ou privés, que lorsqu'ils y sont appelés.

Au début il n'y aura un professeur de morale religieuse que dans les villes où il y a un lycée ou un collège. Leur nombre sera augmenté dès que le besoin s'en fera sentir. A Paris il y en aura plusieurs.

Les titulaires des chaires de morale religieuse auront soin de se tenir dans une neutralité entière sous le rapport confessionnel. Ils commenceront et termineront leurs conférences par une courte invocation à la Divinité, dont l'orthodoxie ne puisse être contestée par aucun culte.

La morale religieuse en France est basée sur la croyance en Dieu, créateur de l'univers qui obéit à ses lois, intelligence suprême, perfection infinie, souverain juge des hommes.

L'homme a son libre arbitre ; il peut faire le bien ainsi que le mal, mais s'il agit mal il est répréhensible, absolument comme dans la vie sociale où il est également libre, pourvu qu'il ne contrevienne pas aux règles de protection générale.

Les voies de Dieu sont impénétrables ; il faut donc laisser à chaque religion la responsabilité des définitions plus étendues sur Dieu, sur ses attributs, sur son intervention parmi nous, sur la sanction qu'il met en œuvre pour récompenser le bien et punir le mal. Cependant la morale religieuse française tendra à représenter Dieu sous les traits d'un père bon et indulgent tout en étant juste, et tenant vraisemblablement un compte exact des compensations telles que l'atténuation de la responsabilité pour les intelligences bornées, les peines morales éprouvées par les criminels, les privations dont souffrent les pauvres, les sacrifices d'amour-propre, les luttes pour la vie et tant d'autres.

Enfin, comme la partie immatérielle de nous-mêmes a toujours et partout été considérée comme n'étant point susceptible de mourir, la doctrine de l'immortalité de l'âme est admise ; cette doctrine ne recevra du reste pas d'autre développement que l'espoir minimum d'une vie meilleure où l'on retrouvera ceux qui nous furent chers ici bas.

JUSTICE

La justice sera réorganisée sur de nouvelles bases, après examen de la question qui sera immédiatement mise à l'étude.

Les modifications à introduire porteront notamment sur les frais de justice, sur la durée de la prévention, sur le personnel des officiers ministériels judiciaires, sur l'extension de la compétence des justices de paix, sur la diminution des chambres et sur toutes autres simplifications, ou économies, réclamées depuis longtemps par le public.

Le service de la justice est placé sous la direction d'un grand chancelier qui a pour mission de tenir les codes et la jurisprudence judiciaire au courant et dans un état d'unité constante, de guider et de surveiller le personnel de la justice, de provoquer toutes les mesures l'intéressant (avancement, déplacement, etc.), de convoquer les tribunaux exceptionnels et les cours d'assises, de diriger la police de sûreté et la haute police, enfin de remplacer l'ancien ministre de la justice en tout ce qui n'est pas exclusivement administratif.

INSTRUCTION PUBLIQUE

A la tête de l'instruction publique se trouve le grand-maître de l'Université qui dirige et surveille l'enseignement classique, propose toutes les mesures importantes, provoque, fait ou délègue, suivant le cas, les nominations et mutations dans le personnel enseignant.

Les programmes classiques seront simplifiés, de manière que le développement exagéré donné aux études grammaticales, historiques et scientifiques, sous l'ancien régime, soit réduit dans une proportion très notable, d'abord pour les jeunes filles en général, et ensuite pour les jeunes garçons qui ne doivent pas se présenter au baccalauréat. Encore en ce qui concerne la grammaire, un ouvrage rudimentaire et un autre traité un peu plus étendu devront suffire pour toutes les classes.

Cela n'empêchera point les lexicographes de publier dos œuvres remplies de détails et d'aperçus scientifiques à l'usage des professeurs, orateurs, publicistes, auteurs et autres qui désireront y recourir. Il en est de même pour l'histoire et les sciences.

Dans les classes de lecture et de récitation on fera des emprunts aux ouvrages de morale religieuse pure, c'est-à-dire ne s'inspirant d'aucun dogme particulier.

La gymnastique classique est supprimée pour les jeunes filles.

Les garçons ne commenceront les exercices de saut, d'escalade et de suspension· qu'à l'âge de 12 ans.

A tout âge garçons et filles exécuteront des marches au pas cadencé, principalement en dehors des établissements. Le silence absolu ne sera pas ¡mposé dans les promenades en ville.

Les jeux qui exercent le corps, les bras et les jambes seront partout en faveur, organisés, dirigés et réglementés, au besoin, par les maîtres et maîtresses.

Les exercices militaires préparatoires des garçons ne leur seront imposés qu'à l'âge de 14 ans ; ils seront faits avec des bâtons, des fusils de bois ou des petits fusils qui ne peuvent faire feu ; à 16 ans les élèves auront des carabines de salon ou autres armes légères. Avec les bâtons, comme avec les fusils, on fera les simulacres de l'escrime à la baïonnette et l'école de tirailleurs.

Les exercices auront lieu dans l'intérieur des établissements.

Le grand congé annuel commence le 14 juillet pour prendre fin vers le 15 septembre.

Le congé du jour de l'an ne dépasse pas quatre jours.

Il est accordé huit jours de congé aux fêtes de Pâques.

Il n'est pas accordé de congés à l'occasion des autres jours fériés ou de réjouissance ; (Pentecôte, Toussaint, Noël, dimanche gras, visite des autorités, etc.) Pendant ces jours il y a étude, dispense des classes, récréations prolongées, promenade et si on juge à propos, extras à table.

Les permissions de sortie des dimanches de grande sortie, qui font partir les élèves le samedi soir pour se rendre pendant vingt-quatre heures dans leur famille, ne sont pas autorisées.

ARMÉE

ORGANISATION GÉNÉRALE

Le service technique de l'armée française est dirigé par un général de division qui prend le titre de général en chef. Il relève du directeur général.

L'organisation militaire française est différente suivant le temps de paix ou l'état de guerre.

En temps de paix, l'armée est régie par le droit commun, la jurisprudence civile.

En cas de guerre, elle est régie par l'état militaire, la loi martiale, le code et les règlements spéciaux.

Par suite, le régime administratif de l'armée est différent, également, selon qu'il doit s'appliquer à l'une ou à l'autre des deux situations.

Pendant la paix, qui constitue la règle, l'administration (généralité) domine l'armée (spécialité). En guerre, ce qui est l'exception, le contraire a lieu, ainsi qu'on opérait déjà, antérieurement, dans la marine militaire en cas d'embarquement.

Le personnel administratif supérieur de l'armée est en conséquence composé de deux ordres de fonctionnaires qui sont : 1° Les préfets militaires pour le temps de paix et le service territorial en cas de guerre ; 2° Les fonctionnaires de l'intendance militaire pour le service administratif en campagne.

Les préfets militaires sont des administrateurs civils, ayant le même rang que les préfets civils. Ils sont placés au chef-lieu de chaque région militaire. Quelques sous-intendants militaires et adjoints sont détachés à la préfecture militaire, et, dans les chefs-lieux d'arrondissement, le service est assuré par le sous-préfet aidé, autant que possible, de sous-intendants militaires et adjoints de la partie sédentaire.

Les préfets militaires sont sous les ordres du chef de service central (anciennement ministre de la guerre).

Les préfets militaires, et les fonctionnaires de l'intendance militaire, proviennent d'origines diverses, civile et militaire, suivant la vocation et l'aptitude générale dont ils ont fait preuve, et qui sont laissées à l'appréciation du chef de service central ou du directeur général suivant le cas, sans concours officiel, les qualités administratives n'étant pas susceptibles d'être appréciées mathématiquement.

En matière administrative les généraux sont subordonnés aux préfets militaires avec lesquels ils correspondent pour la marche du service administratif, notamment au sujet de l'entretien des approvisionnements nécessaires pour la campagne de guerre.

Chaque général commandant un corps d'armée a auprès de lui, sous sa dépendance, et formant son conseil administratif, l'intendant militaire, et un ou plusieurs sous-intendants militaires chefs des services administratifs, avec lesquels il se mettra en mouvement au moment d'une mobilisation.

A la guerre les généraux prenant la responsabilité de toutes les opérations, le service administratif passe entièrement sous leur dépendance.

OBLIGATION DE SERVIR

Le service militaire est strictement obligatoire et personnel par tous les Français valides de 21 ans à 44 ans accomplis.

Il n'existe aucune exemption de service dans l'armée française.

Les dispenses momentanées sont de deux sortes :

Il y a les dispensés en temps de guerre, et les dispensés d'exercices militaires en temps de paix.

Les dispensés en temps de guerre sont, s'ils n'ont pas atteints l'âge de 44 ans :

Les présidents et les membres des conseils d'administration nationale et de surveillance ;

Le directeur général et les chefs de service d'administration centrale ;

Le trésorier-payeur général, les directeurs provinciaux de tous les services financiers, les comptables des deniers et matières appartenant à l'État ou aux établissements d'utilité publique ;

Les préfets, sous-préfets et commissaires centraux, les maires ;

Les magistrats de la justice, le grand chancelier, les commissaires de police locale ;

Les chefs des différents cultes, centraux, provinciaux ou diocésains ; le directeur de la morale publique ;

Le grand-maître de l'Université, les recteurs, tous les chefs d'établiseements publics qui reçoivent des pensionnaires, élèves, malades, indigents, etc., relevant de l'État ou des communes ;

Les directeurs des postes et télégraphes ;

Les ambassadeurs, ministres plénipotentiaires et autres diplomates en exercice ;

Ceux des membres du conseil d'État et de la cour des comptes qui ont voix délibérative ;

Les membres de l'Assemblée générale et les délégués cantonaux (1).

Quant au personnel secondaire des services, il pourra être affecté au service territorial (défense de la place, reconnaissances, etc.)

Les dispensés des exercices militaires sont ceux dont l'énumération prècède, (avec cette remarque que les exercices ne sont obligatoires que jusqu'à 40 ans), auxquels viennent s'ajouter les personnels sous leurs ordres, dès que les uns et les autres ont terminé leurs classes supérieures, ce qui doit être constaté par un certificat et ne les dispense pas des exercices de tir annuels, et d'être pourvus de l'habillement et de l'équipement réglementaires.

Le service militaire ne consiste pas exclusivement dans l'exécution des manœuvres de combat, mais à se rendre utile à l'armée, chacun selon ses

---

(1) Cette liste est susceptible d'être augmentée. Telle qu'elle est elle suffit pour en faire comprendre l'esprit. Il importe avant tout de ne pas désorganiser les services publics en temps de guerre.

aptitudes et sa profession. Ainsi les ministres des cultes et les séminaristes ne devront jamais être astreints à ces manœuvres. Ils seront affectés d'abord à l'aumônerie, puis utilisés comme brancardiers et infirmiers. Les ingénieurs et autres notabilités pourront, sur leur demande, être nommés officiers ou sous-officiers du génie, de l'artillerie, des chemins de fer stratégiques, des étapes, aérostiers, télégraphistes, chimistes, sous-intendants militaires et adjoints, médecins, officiers d'administration des bureaux de l'intendance, des services administratifs, etc., etc., le tout après examen et justification d'aptitude s'il y a lieu.

Sont exclus de l'armée :

(Voir les exclusions légales).

ORGANISATION TECHNIQUE

L'armée française est divisée en deux parties :

La partie active ;

La partie sédentaire.

La partie active est formée d'engagés volontaires, de rengagés, de réengagés et, pour certaines professions, de gagistes.

La partie sédentaire comprend les non enrôlés dans la partie active.

La partie active, qui s'étend à toutes les armes et à tous les services de l'armée, est destinée à former les cadres de guerre, les dépôts des corps et services, et à donner l'instruction militaire à la partie sédentaire.

La partie sédentaire prend place dans les corps et services portés à l'effectif double des besoins de guerre, (officiers et troupe), de manière à pouvoir remplir facilement les vides, ou être dédoublée selon les circonstances.

Les corps et services sont régionaux pour la troupe et le matériel ; c'est dans la limite régionale que seront maintenus les déplacements collectifs. Il sera établi des circonscriptions de région ; chacune d'elles sera en moyenne formée du territoire d'un département ancien.

RECRUTEMENT

Les jeunes gens peuvent s'engager dans la partie active à l'âge de 18 ans. La durée des engagements est de cinq ans ; le minimum de la durée des rengagements est de trois ans.

La solde de la troupe sera assez élevée pour rendre inutiles les primes, hautes payes et autres accessoires.

Pour être admis à s'engager ou à se rengager

les postulants devront justifier d'une instruction primaire suffisante et d'une moralité éprouvée.

Chaque commune fournit sa part d'hommes de la partie sédentaire dans la proportion du nombre de ses habitants, de leur état physique habituel constaté par les statistiques officielles.

La base une fois connue, on procède dans les communes à l'élimination plus ou moins rigoureuse des non valides. A ces fins il est créé dans chaque commune, ou groupe de communes, un conseil de visite.

Les effectifs à inscrire aux contrôles de l'armée ne devront pas dépasser la limite assignée.

Les états signalétiques des admis sont adressés par les commissaires centraux au commandant de recrutement de la région qui fait la répartition par corps et services, ou transmet à ses collègues du corps d'armée les états des hommes à affecter à des unités constituées dans leur circonscription, ceux-ci transmettent les listes d'appel aux préfets civils chargés des notifications à faire aux communes, et aux préfets militaires qui devront surveiller l'exécution.

Les commissaires centraux qui ont reçu les avis d'incorporation, les notifient au maire ; ils tiennent un contrôle des hommmes et surveillent de leur côté l'exécution des prescriptions légales, ou réglementaires, pour les exercices, appels en cas de mobilisation, mutations, etc.

JURISPRUDENCE JUDICIAIRE

Les déserteurs de la partie active et tous ceux qui ne rempliraient pas leurs engagements, en temps de paix, seront poursuivis civilement et condamnés, eux ou leur famille, à des dommages-intérêts envers l'État. Celui qui se sera livré à des voies de fait envers son supérieur sera renvoyé de la partie active, poursuivi et condamné au maximum de la peine prévue pour coups et blessures. Le meurtre, le vol, etc., tombent naturellement sous la loi commune.

Les punitions sont abolies et le manque de respect ou autres fautes disciplinaires sont punies par des amendes. Les fautes disciplinaires réitérées telles que l'ivrognerie, les absences illégales, etc., entraînent une rétrogradation et au besoin la radiation.

Le Code militaire est appliqué dans toute sa rigueur du jour où l'armée est mobilisée et à toute troupe organisée et restée sur le territoire.

EXERCICES

Les exercices militaires sont obligatoires pour la partie sédentaire jusqu'à l'âge de 40 ans.

Les exercices élémentaires et de tir ont lieu tous les dimanches dans chaque commune. Ceux qui ne peuvent se faire qu'avec un matériel lourd, encombrant ou spécial, comme dans l'artillerie et les trains, ont lieu dans la ville où le matériel est déposé. A cet effet, les artilleurs et autres militaires de la partie sédentaire, qui doivent manœuvrer dans ces villes, seront pris, autant que faire se pourra, dans la population urbaine, et les soldats du train dans les campagnes environnantes. Il en sera de même des jeunes gens qui se livrent à de hautes études qu'on s'efforcera, comme les prêtres et les séminaristes convoqués pour le service d'ambulance, de déranger le moins possible.

Quand les exercices devront avoir lieu dans les communes, les officiers et les hommes de troupe instructeurs de la partie active s'y rendront pour exercer les hommes de leurs compagnies ou escadrons ; ils seront aidés dans leur tâche par les instructeurs auxiliaires gradés de la partie sédentaire. Leur déplacement, aller et retour, devra s'effectuer le même jour.

Les chevaux de réquisition seront exercés et montés par les cavaliers qui les emmèneront à la guerre.

Il pourra être accordé des permissions d'absence quand un motif sérieux rendra cette mesure désirable, et sans que la tolérance dégénère en coutume et devienne un abus.

Tous les trois mois, le dimanche également, ont lieu les exercices de bataillon et d'escadrons, au chef-lieu de canton, ou autre commune du voisinage où se trouve le centre du bataillon ou des escadrons, (partie sédentaire).

Tous les ans ont lieu. les grandes manœuvres qui durent huit jours ; elles ne sont imposées qu'aux plus jeunes de la partie sédentaire et à tour de rôle.

Lors d'une mobilisation, les hommes de la partie sédentaire sont appelés par année de naissance, en commençant par les moins âgés jusqu'à ce que le nombre voulu ait été atteint.

SERVICES ADMINISTRATIFS

Les services administratifs sont mis entre les mains de *directeurs* choisis respectivement dans le personnel de chaque service par avancement.

Il est créé un corps de comptables de la guerre pour les corps de troupes, les services spéciaux, (artillerie, génie, équipages, etc.) et pour les services administratifs, (subsistances, hôpitaux, habillement, etc.); ils sont reçus après examen et concours officiel, ainsi que les officiers d'administration vérificateurs, (anciennement bureaux de l'intendance).

Il est attaché, à chaque ville de garnison, un bureau de vérification des comptes tenu par les officiers d'administration vérificateurs dont les travaux doivent être visés par les sous-intendants militaires, ou les sous-préfets, suivant le cas.

Le personnel des officiers d'administration vérificateurs débute dans les bureaux de l'administration générale militaire : à la préfecture militaire, chez les intendants, sous-intendants et sous-préfets, en qualité de secrétaires d'admistration. Le poste de vérificateur est obtenu par avancement.

Des inspecteurs administratifs sont attachés à l'administration centrale de la guerre ; ils sont envoyés en mission quand le chef central le juge opportun et toujours inopinément.

Les inspecteurs sont, comme les administrateurs généraux, (préfets militaires et fonctionnaires de l'intendance) pris dans toutes les catégories sociales, civiles ou militaires.

SERVICE DE SANTÉ

Le service de santé est organisé ainsi qu'il suit :

En temps de paix il est dirigé par l'administration générale.

Dans chaque corps d'armée il existe une direction sanitaire consultative, et une sous-direction dans chaque division. Les titulaires de ces postes sont les officiers de santé militaires appelés à faire campagne. Ils sont à la disposition du commandement.

Le chef central (ex-ministre de la guerre) a aussi près de lui un conseil sanitaire composé des inspecteurs médicaux.

En campagne, le personnel des officiers de santé prend la direction du service des hôpitaux et ambulances, les directeurs administratifs et les pharmaciens passent en seconde ligne, de même que le personnel des transports.

UNIFORME, ARMEMENT, ETC.

L'armée française n'a d'autre uniforme que le costume national (à créer). La coiffure seule sera d'un modèle particulier : hémi-sphérique, matière forte et légère, se désarticulant, protégeant les yeux, les oreilles et la nuque, ayant une gouttière déversoir entre le bras et le havre-sac.

La chaussure consistera en une demi-botte, s'ouvrant sur le coude-pied garnie d'œillets et d'un lacet, languette intérieure mince et fixe pour éviter l'introduction de l'eau; bretelle, sous-pied ou autre système au bas de chaque jambe, pour maintenir le pantalon dans la botte pendant les marches.

Il existe un dépôt d'uniformes dans chaque commune pour les nécessiteux ; il sera entretenu par la libéralité des familles aisées des militaires décédés.

En temps de paix les magasins des corps et services contiendront, en outre des effets, équipements et armes nécessaires à la partie active, les équipements et armes en quantité suffisante pour la mobilisation. La coiffure fait partie de l'équipement.

La partie sédentaire aura sur place, dans chaque commune, une quantité d'armes et d'équipements en rapport avec les besoins pour les exercices du dimanche.

Chaque homme de la partie sédentaire devra être constamment pourvu à ses frais de deux uniformes, (1re et 2e tenues), dont il pourra d'ailleurs se vêtir en toute circonstance.

La garde des armes, des équipements et des

effets des nécessiteux sera confiée au commissaire de surveillance et à la gendarmerie.

VIVRES

Les denrées d'approvisionnement en bon état,
qui auront atteint les 2/3 de leur durée de
conservation, et qui ne pourront être consom-
mées par la partie active, seront cédées à
l'administration civile pour le service des maisons
appartenant à l'État ou aux communes, (écoles
d'agriculture, ateliers, pénitenciers, maisons de
correction, prisons, bureaux de bienfaisance, etc.)

SOLDE

La solde des hommes de troupe de la partie
active est portée aux chiffres ci-après pour
toutes les armes.

Adjudant, sous-officier	4 fr.»»	
Sergent-major ou maréchal-des-logis chef.	3	»»
Sergent ou maréchal-des-logis	2	50
Caporal ou brigadier	1	75
Soldat de 1re classe	1	25
Soldat de 2e classe.	1	

par jour.

La solde est considérablement diminuée quand
les troupes reçoivent les vivres de guerre.

MUSIQUES

Les musiques militaires sont supprimées.

Il sera créé des musiques d'infanterie par bataillon de la partie sédentaire. Ces musiques ne seront pas à la charge de l'État.

MARINE

Le service de la marine comprend la marine militaire et la marine du commerce.

D'où une double organisation conduite par le chef central du service (anciennement ministre).

La marine militaire est commandée par un amiral résidant à Paris et relevant, comme d'habitude, du directeur général.

La marine du commerce est rattachée directement à l'administration centrale.

L'armée de mer (corps de troupes) est recrutée par voie d'engagement volontaire et complétée, si c'est nécessaire, par des prélèvements dans la partie active de l'armée e terre.

ARMÉE COLONIALE

Il est créé une armée coloniale dans les mêmes conditions et dans laquelle les français et les indigènes, naturalisés français, et non encore engagés, sont incorporés au titre sédentaire.

ASSIMILÉS

En temps de paix les personnels spéciaux plus ou moins administratifs, ne sont pas assimilés au personnel de combat.

Au contraire dans le nouveau régime c'est le militaire pur qui devient l'assimilé.

Le militaire, le prêtre, le juge, les professeurs et autres spécialistes au service de la société sont au fond les serviteurs des sociétaires ; or, le caractère du sociétaire est civil, administratif et général.

Donc, plus un spécialiste s'éloigne du sociétaire-type par l'élévation de sa mission, plus il perd en assimilation, bien qu'il gagne en respect dans la proportion inverse auprès de la collectivité.

Ainsi, dans ses relations individuelles, un officier doit se comporter à l'égard d'un comptable, comme il se comporte avec un percepteur, un receveur, et avec tous agents étrangers à l'armée combattante, chacun restant dans son rôle, et personne ne cherchant à imposer son autorité, uniquement à cause de la catégorie sociale à laquelle il appartient.

QUESTION OUVRIÈRE

Dans toutes mines, usines ou ateliers occupant au moins vingt ouvriers, il sera prélevé 5 0/0 sur les salaires.

Le produit de ce prélèvement sera placé, par le contremaître ou le directeur des travaux, dans une caisse d'épargne, de secours de mutualité, de retraite et autres à l'abri de la spéculation et au choix des intéressés, sans qu'ils puissent en disposer autrement que dans les conditions prévues par les règlements à intervenir.

- Dès que le bénéfice net de la maison ou société dépassera 10 0/0, le surplus sera partagé par moitié entre le capital et le travail, et leur quote-part payée aux ouvriers présents à l'inventaire annuel.

Un délégué des ouvriers, pris dans les ateliers ou en dehors, aura le droit et le devoir de contrôler les écritures dès qu'on supposera que les bénéfices peuvent atteindre 10 0/0.

Tout prélèvement et partage sera inutile dans les villes ou établissements où les propriétaires ou les ouvriers auront pris des mesures spéciales de même nature, comme dans le phalansthère de Guise et ailleurs. Ces mesures seront du reste soumises à l'approbation de l'autorité consulaire locale.

PROJET DE TARIF DE TRAITEMENT

Président du Conseil d'administration	1.200.000 fr.	Logé
Membres du Conseil...............	200.000	
Directeur général.................	100.000	Logé
Conseil de surveillance...........	80.000	
Chefs d'Administration centrale.....	60.000	Logés
Directeurs spéciaux { Directeur de morale.. / Chancelier Primat..... / Grand-maître — .... / Génér. en chef—	24.000	Logés
Directeurs locaux particuliers { Evêques ...... / Recteurs, etc..	12.000	
Membres de l'Assemblée générale..	40	par jour

de route ou de session.

Amiens. — Imprimerie Nouvelle, 13, rue Gresset

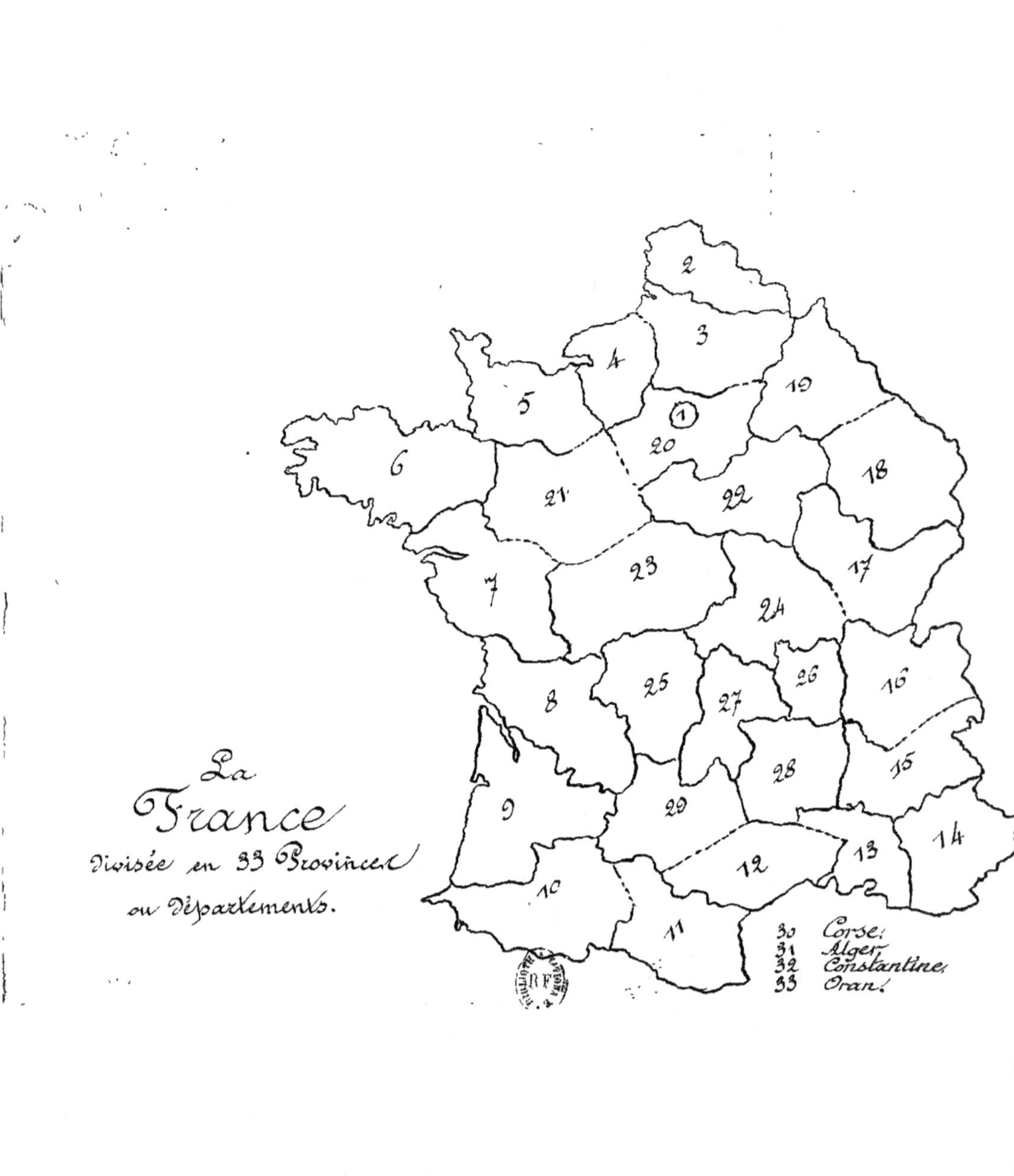

La
France
divisée en 33 Provinces
ou Départements.